A Saga Cafu - Edição Especial

Esta é uma publicação Trend, selo exclusivo da Ciranda Cultural.
© 2025 Ciranda Cultural Editora e Distribuidora Ltda.

Nenhuma parte desta obra pode ser reproduzida
ou transmitida sem a permissão prévia por escrito.

Diretor
Marcelo Calone

Diretora de Arte
Ellen Calone

Co-Criadores Felipe Carvalho
Gustavo Carbonari

Agência
ag/carvalho

Produção
Kenbilly Fogolin, Matheus Garavelo, Rodrigo Silva e Pettrônio Macedo

Editora
Nayra Ribeiro

Revisão
Fernanda R. Braga Simon

Produção editorial
Ciranda Cultural

Projeto Gráfico e Diagramação
Jéssica Wendy

Capa
Bruno Garavelo

DADOS INTERNACIONAIS DE CATALOGAÇÃO NA PUBLICAÇÃO (CIP)

```
M828s    Morais, Mariah
              A Saga Cafu: O grande sonho / Mariah Morais. –
         Jandira, SP : Trend, 2025.
              96 p. ; 17cm x 24cm.

              ISBN 978-65-83187-00-0

              1. Biografia. 2. Cafu. 3. Futebol. I. Título.

2025-796                                          CDD 920
                                                  CDU 929
```

Elaborado por Odilio Hilario Moreira Junior - CRB-8/9949

Índice para catálogo sistemático:
1. Biografia 920
2. Biografia 929

CAST : Dir. Autor/Roteiro: Mariah Morais/Marcelo Calone • Ass. Dir.: Brandon Fogo-lin • Gestor: Grupo CALONE • Dir. Fot.: Bruno Garavelo • Dir.(a) Arte: Ellen Calone • Dir.(a) Prod.: Kenbilly Fogolin • Prod.: Douglas Viana • Prod. Ex.: Matheus Garavelo • Dir.(a) Musical: Julie Emy e Tom Rebelo • Merchandiser's: Dani Caloni • Dir. Eventos: Danilo Alves • Mont. Ed.: Samuel Cruz • Dir. Co-Criação: Alexandro Calone • Co-Criadores: Leonardo O., Guilherme K., Alexandre F., Milena M., Elen G., Lílian G., Alex A., Vinícius G., Maicom D. e Valber da G. • Dir. Making Of: Rafael Kibaiasse • Coord.(a): Edimari Calone • Ass. Jurídico: Beaa Cristina • Tecnologia: Brandon Fogolin • Dir.(a) de Stakehol- ders e Shareholders: Marli Luz • Animação: Lucas Souza
Estúdio : WICCOM e-business studios
DIRECTORS (journalists): Marcelo C. • Ellen C. • Bruno G. • Kenbilly F. • Samuel C. • Brandon F. • Matheus G.
REALIZATION: Grupo CALONE®: The CALONE Company, CALONE® e Instituto MARCELO CALONE®.
PRODUCTION: MAAW by Bruno G. • CROYAL by Matheus G. • MABACA - DBIPro by Samuel C. • UNICORPS by Brandon F. • COOCLE by Marli Luz • BRAZIL Project by Lucas Souza • KENN by Kenbilly F. • WICCOM by Ellen C. • CALONE, COSTA & CIA by Alexandro C.
OFFERING: CALONE® – Portal de Histórias & Cia
Grupo Calone® Todos os direitos reservados. DBIPro© Copyright 2022.

MARIAH MORAIS

★★★★★

A SAGA
CAFU

*Dedico este livro
à memória de Célio de Morais
e Cleusa Evangelista de Morais.*

☆ ☆ ☆ ☆ ☆

ACREDITO QUE AS PESSOAS NÃO SE CRUZAM POR ACASO.

POR MARIAH MORAIS

Meu primeiro encontro com o Cafu aconteceu há mais de 25 anos e, desde então, criamos um vínculo de amizade muito forte.

Ter sido escolhida para ser a autora desta obra me proporcionou muita alegria, mas ao mesmo tempo uma enorme responsabilidade.

Cafu tem uma história tão grandiosa que não precisa de grandes peripécias literárias para contar.

Nesta edição especial, você irá conhecer o Marcos, criança precoce e, mais tarde, o adolescente aplicado que, desde muito jovem, manteve os olhos fixos em seus objetivos.

Que "A Saga Cafu" sirva de inspiração para todos nós...

O nome Cafu sempre foi sinônimo de inclusão no mundo inteiro.

Um livro contando a sua história não poderia ser diferente.

Pensando nisso e em incentivar a leitura, a escrita e a capacidade de sonhar, buscamos uma maneira de sermos ferramentas para isso.

Você vai encontrar nessas páginas a primeira parte de uma vida repleta de muitas glórias, mas que precisou superar diversas barreiras inúmeras vezes.

Aqui você vai saber detalhes de como foi a vida do Marcos Evangelista de Morais, desde o seu nascimento até o primeiro contrato profissional.

Acessando esse link abaixo você poderá participar de um concurso de redação e torcer para que a sua história seja escolhida para ser o prefácio da biografia completa dessa lenda do esporte mais popular do Brasil, com previsão de lançamento durante a Copa do Mundo de 2026.

TEM UMA HISTÓRIA INCRÍVEL PARA CONTAR?
Acesse o link abaixo e participe do concurso de redação! Não perca essa oportunidade única de fazer parte dessa incrível jornada.

> "Isso é só uma barreira
> que Deus colocou em seu caminho
> e só você pode superar."

Brasil, berço de grandes craques, país do futebol. Costuma-se dizer que, a cada cinco garotos, quatro desejam ser jogadores, e o quinto está se decidindo.

O IRMÃO MAIS VELHO
Marcelo Morais fala sobre a infância ao lado de Cafu, os desafios enfrentados e os fatores determinantes para o irmão se manter firme na jornada de realizar seu grande sonho.

"Somos uma família de seis irmãos, entre eles o Marcos.

Éramos crianças pobres de bairro sem asfalto, como o de tantos brasileiros.

Morávamos em uma casa de quatro cômodos, mas sempre fomos felizes. A saga de Marcos no futebol começa nos campinhos de terra batida. Cafu sempre foi um menino esperto, curioso e falante. Nossa família era de conversar muito, e ele não fugia à regra.

Sempre me recordo do dia em que ele foi atropelado por um caminhão. O acidente foi mais assustador do que grave. Graças a Deus, isso não interrompeu a sua trajetória difícil, mas muito vitoriosa. Agradeço muito a chance de ser irmão do Marcos, uma pessoa que ajuda a todos sem distinção."

– MARCELO MORAIS

FOTOGRAFIA: BRUNO GARAVELO

☆ ☆ ☆ ☆ ☆

Nas regiões menos favorecidas, o futebol é visto não apenas como um esporte, mas também como a única esperança de uma mudança de vida.

"Nossa infância foi boa. Não tínhamos muita fartura, mas conseguíamos ser felizes.

Vivíamos para jogar bola, pião, bolinhas de gude, soltar pipa, enfim, a vida típica da periferia.

Lembro que adorávamos jogar bola na lama, infância que nossos filhos não vão ter mais.

Quando os nossos pais faziam compras, era uma festa. Valorizávamos muito, porque não era sempre que isso acontecia.

Meus pais eram firmes na educação e nos mantinham na linha. Naquela época, era comum educar dessa maneira e, realmente, éramos levados.

Por um certo tempo, jogamos juntos na escolinha do Pedro Rocha e do Portella, mas era difícil para meus pais manter três mensalidades. Mais tarde, ganhamos uma bolsa, mas, mesmo assim, era complicado.

Nessa época, eu tinha dezesseis anos e resolvi parar, para que o Marcos pudesse prosseguir. Foi a melhor decisão

FOTOGRAFIA: BRUNO GARAVELO

O IRMÃO DO MEIO
No vídeo, Maurício Morais fala sobre suas primeiras lembranças do Cafu com o futebol e como foi abrir mão de seu sonho pelo irmão.

que tomei, porque vi meu irmão se tornar um astro, um ídolo mundial. Cada conquista do Cafu era nossa também. Íamos a todos os jogos, vibrávamos muito nas arquibancadas.

Uma recordação inesquecível foi ver a felicidade do meu pai, um apaixonado palmeirense, vendo seu filho jogar pelo Palmeiras.

Não dá para expressar o que foi acompanhar a ascensão dele na Seleção Brasileira. Tenho orgulho do ser humano que ele se tornou.

Um dos momentos mais marcantes para mim foi durante a Copa do Mundo de 1994, quando ele entrou em campo e foi campeão jogando. Ele foi escalado na final, sob pressão, e jogou muito bem.

Eu desejo que ele conquiste ainda mais do que já conquistou.

Marcos é uma pessoa de extrema importância não apenas para nós, que somos seus familiares, mas para todos aqueles que amam futebol, na sua mais pura essência."

– MAURÍCIO MORAIS

☆ ☆ ☆ ☆ ☆

Os pés dos meninos e meninas costumam carregar os sonhos de uma família inteira. É normal para essas crianças, desde muito jovens, serem responsáveis pelo sustento de muitas pessoas.

O IRMÃO MAIS NOVO
Mauro Morais, irmão mais novo, conta neste vídeo como a relação entre irmãos foi um suporte para Cafu dos momentos difíceis ao sucesso.

"Defino Cafu como tendo um coração semelhante ao de Deus.

Sempre disposto a ajudar a todos, ele se comove com qualquer tipo de sofrimento. Nunca teve vaidade, nunca se sentiu melhor que ninguém.

Levo comigo na memória a alegria do dia em que ele deu a primeira casa para os nossos pais. Foi uma emoção enorme para todos. O cuidado que ele tem com a família é realmente comovente.

Todos os momentos da sua carreira foram vitoriosos. Ele foi campeão em todos os times pelos quais passou.

Mesmo com tantas recordações incríveis, ainda acho que as melhores são as da infância, fazendo bolas de meia e jogando futebol em nosso bairro. Esse é meu irmão guerreiro, companheiro. Esse é o Capitão Cafu."

–MAURO MORAIS

☆ ☆ ☆ ☆ ☆

Costumo dizer que o futebol
é democrático, pois, ao contrário
de outros esportes, não exige acessórios
e manutenções, muitas vezes tão caros
que impossibilitam que uma pessoa
não favorecida financeiramente
possa praticar.

A SAGA **CAFU**

"Meu irmão sempre foi um homem humilde, coração enorme. Só tenho boas recordações. Ele é a base da minha vida. Sempre esteve presente e nunca mediu esforços para me ajudar. Ele é mais do que importante para mim.
Vou sempre desejar o melhor para ele, pois é merecedor."

– MARGARETH MORAIS

AS IRMÃS
As irmãs Mara e Margareth Morais contam como foi crescer ao lado de Cafu e como ele se tornou uma grande inspiração.

"Marcos é um irmão muito humilde, coração de ouro. Eu o amo demais. Amo a maneira como ele trata todas as pessoas, um exemplo de ser humano."

– MARA MORAIS

☆ ☆ ☆ ☆ ☆

*O futebol exige apenas
uma bola e talento nos pés.
O futebol é mágico, o futebol é
inclusivo, o futebol é show...*

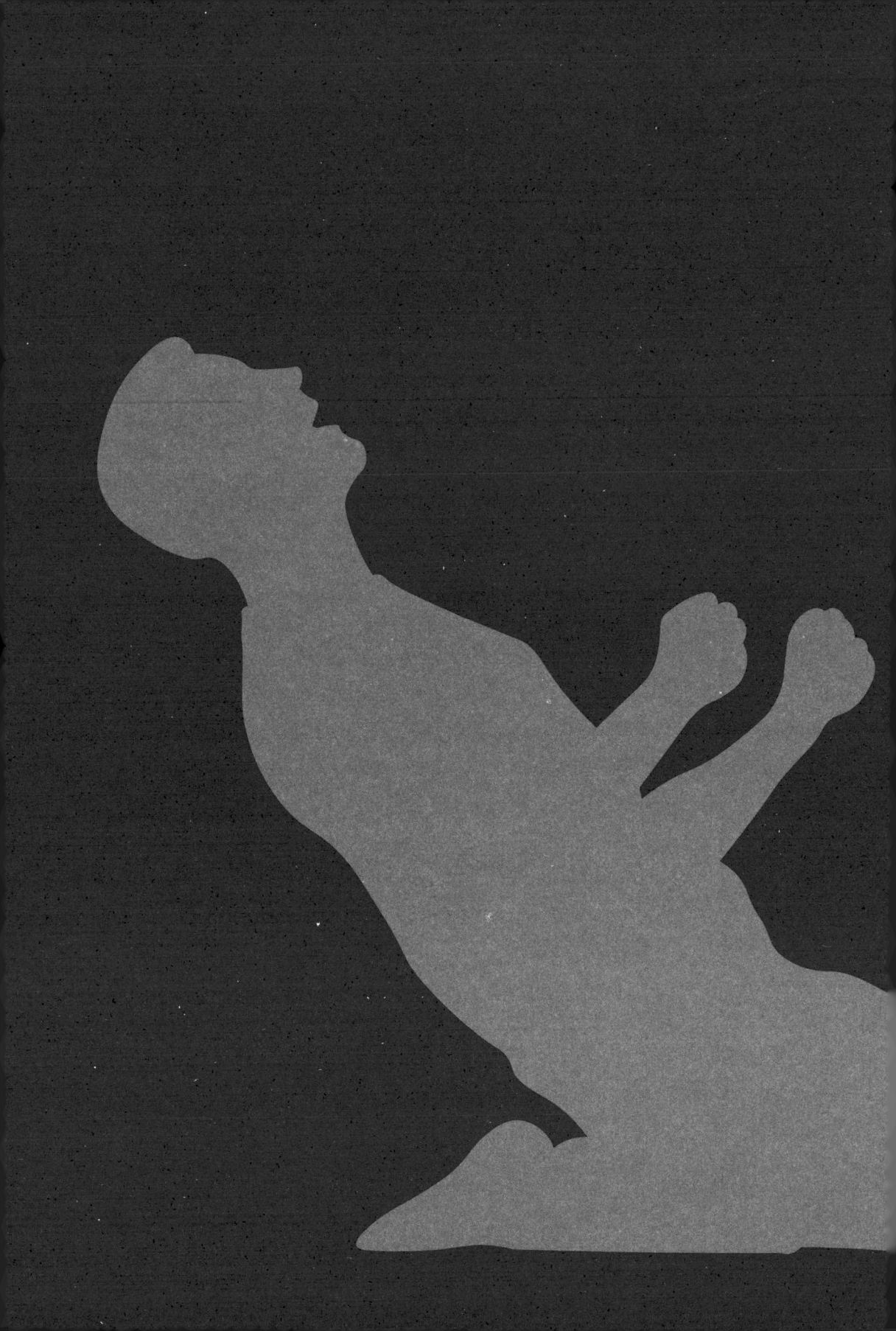

☆☆☆☆☆

O GRANDE SONHO...

☆ ☆ ☆ ☆ ☆

A SAGA CAFU

Marcos Evangelista de Morais, ou simplesmente Cafu.

Defini-lo não é uma tarefa difícil: menino humilde, sorriso largo e coração gigante.

Seu desempenho exige no mínimo respeito. Sua perseverança vai além da física. Tudo nele excede os limites.

Suas conquistas, suas performances, seus gols e suas jogadas históricas fizeram dele não somente um bom lateral, mas o melhor da história do futebol, eleito em 2019 pela revista France Football. Seus feitos não deixam margem para dúvidas.

Um início de carreira tenso, marcado por inúmeras decepções.

Reprovado nove vezes, encontrou nas palavras do pai o combustível que não o deixou desistir.

Sorte dos torcedores das grandes equipes em que atuou no Brasil e exterior, maior sorte ainda dos amantes da Seleção Brasileira, que puderam testemunhar Cafu quebrar recordes e se tornar o símbolo maior da conquista do Pentacampeonato.

Dono de uma carreira inigualável, colecionou títulos e recordes.

RECORDES

 Único jogador na história do futebol que disputou três finais consecutivas de Copa do Mundo, vencendo duas.

 Vinte jogos oficiais em Copas do Mundo, com a Seleção Brasileira.

 Cento e quarenta e oito jogos oficiais com a camisa da Seleção Brasileira.

 Cento e setenta e cinco convocações para a Seleção Brasileira.

 Jogador que mais vestiu a camisa da Seleção Brasileira.

PRÊMIOS

★ Bola de Prata 1992 e 1993 – REVISTA PLACAR.

★ Melhor lateral-direito das Américas 1992, 1993, 1994 e 1995 – JORNAL EL PAÍS.

★ Seleção da Europa 2004 e 2005 – UEFA.

★ Seleção do Campeonato Brasileiro 1992 e 1993 – REVISTA PLACAR.

★ Seleção das Américas 1992, 1993, 1994 e 1995 – JORNAL EL PAÍS.

★ Melhor jogador sul-americano 1994 – JORNAL EL PAÍS.

★ Melhor lateral-direito da Europa 2004 e 2005 – UEFA.

★ Copa das Confederações 2005 – FIFA.

★ Melhor lateral-direito do mundo 2005 – FIFA.

★ Melhor lateral-direito da história do futebol 2019 – REVISTA FRANCE FOOTBAL.

★ Bola de Ouro Dream Team – FIFA.

OS PRÊMIOS
Uma trajetória vencedora que só existiu pela persistência de um menino que não desistiu.

TÍTULOS

SELEÇÃO BRASILEIRA

- ★ Duas Copas do Mundo.
- ★ Uma Copa das Confederações.
- ★ Copa América 1997.
- ★ Copa América 1999.

SÃO PAULO

- ★ Dois Campeonatos Paulistas.
- ★ Duas Copas Libertadores da América.
- ★ Um Campeonato Brasileiro.
- ★ Dois Mundiais Interclubes.
- ★ Duas Recopas Sul-Americanas.
- ★ Duas Copas Intercontinentais de Clubes.

PALMEIRAS

- ★ Um Campeonato Paulista.

TÍTULOS

ROMA

★ Um Campeonato Italiano.
★ Uma Supercopa Italiana.

MILAN

★ Um Campeonato Italiano.
★ Duas Supercopas Italianas.
★ Duas Supercopas Europeias.
★ Uma Champions League.
★ Um Mundial Interclubes.

ZARAGOZA

★ Uma Recopa Europeia.

☆ ☆ ☆ ☆ ☆

Era o ano de 1970. Noventa milhões de brasileiros assistiam esperançosos à Copa do Mundo. O sonho do Tricampeonato Mundial era cada vez mais real. A equipe de João Saldanha representava, naquele momento, o orgulho da nação.

No bairro Jardim Irene, extremo sul da cidade de São Paulo, SP, o senhor Célio dividia a sua atenção entre os dribles de Garrincha e sua esposa, dona Cleusa, que aguardava ansiosa a chegada de mais um filho.

No dia 7 de junho, o Brasil entrava em campo contra a Inglaterra, um dos maiores jogos da história, e, no hospital Servidor Público, às duas e meia da tarde, nascia aquele que se tornaria um dos maiores nomes do futebol mundial: Marcos Evangelista de Morais, terceiro filho de um servidor público e de uma empregada doméstica, que já eram pais de Marcelo e Maurício.

> OS TEMPOS ERAM DIFÍCEIS, MAS, SE EXISTIA ALGO EM ABUNDÂNCIA NA PEQUENA CASA DA FAMÍLIA MORAIS, ERA O AMOR.

Depois de Marcos ainda vieram Mauro, Mara e Margareth. Seus irmãos também jogavam futebol, mas Marcos desde muito novo era admirável. Existia entre ele e a bola algo fascinante que sem dúvida o diferenciava dos demais.

O futebol aparece em suas primeiras lembranças. Nas ruas do bairro, que mais tarde seria por ele consagrado, era fácil encontrá-lo com a bola de capotão embaixo do braço.

☆ ☆ ☆ ☆ ☆

Jardim Irene, esta é a minha primeira lembrança da infância, bairro onde eu nasci, de onde saí para o mundo. Foi lá que aprendi a jogar futebol na rua, depois no asfalto, depois no campinho onde a trave era feita com caibro. A rede não existia, a bola não era profissional, mas brincávamos o dia todo, como todas as crianças da periferia naquela época."

> NUNCA ME ESQUECI DESSE LUGAR, NUNCA NEGUEI AS MINHAS ORIGENS.

Apesar de ter conhecido o mundo, é lá, nesse bairro de pessoas humildes e vida dura, que recarrego as minhas energias.

Trago a nítida imagem de correr atrás da bola desde os meus primeiros passos.

Fazia a minha bola com uma meia, enchia com jornais e outros papéis sem utilidade. E foi assim que fui percebendo o quanto eu gostava de futebol.

Acredito que toda criança da periferia já nasce gostando de futebol, principalmente as que nasceram no ano do Tri, como eu.

Meu pai veio de uma geração vitoriosa desse esporte e gostaria que seus filhos fossem jogadores.

Em casa, sua influência era tão forte que não teve outro jeito, todos os filhos se tornaram apaixonados por futebol.

Tenho recordações muito claras da minha primeira infância e em todas a bola é a minha companheira.

Uma dessas lembranças é da minha primeira partida de futebol. Eu levava muito a sério e me recordo claramente desse dia.

No local havia muitas pedras. A lembrança desse jogo não é boa, pois fiquei sem a parte de cima de um dos meus dedos do pé.

Chutei errado a bola e encontrei um cascalho, então posso dizer que nesse primeiro chute senti muita dor, mas continuei jogando.

Eu me lembro de estar em frente à casa da minha família, onde o gol era feito de chinelo ou de tijolo.

Foi a partir desse dia, eu, com apenas oito anos de idade, que comecei a acreditar que poderia ser um jogador de futebol.

Nesse período já prestavam atenção em mim, comentavam que eu corria bastante.

Desde pequeno eu já tinha essa facilidade, um bom fôlego.

TECNICAMENTE EU NÃO ERA SUPERIOR AOS MEUS AMIGOS. ACREDITO QUE DIFICILMENTE ALGUÉM SE DESTACA QUANDO AINDA É CRIANÇA.

Eu não parava, corria muito e queria estar atrás da bola. Eu atacava e defendia, enfim, gostava de participar de todas as jogadas, e com isso todos notavam a minha agilidade.

Apesar da pouca idade, o futebol já era um sonho real para mim.

Quando assistia aos jogos do Brasil, mesmo sem entender muita coisa que acontecia em campo, sem conhecer os atletas, eu me via como eles e dizia que queria ser igual quando crescesse.

Meus pais incentivavam, mas a primeira exigência sempre foi a escola, e isso era lei.

Até aquele momento, para eles, o futebol era uma diversão, então tínhamos de nos esforçar na escola para termos essa recompensa.

Eu estudava no período da manhã, voltava para casa na hora do almoço e fazia a lição rapidamente, para sair correndo para o campo.

Ficava jogando até os meus pais voltarem do trabalho, por volta das oito horas da noite. Religiosamente, eu jogava bola todos os dias com os meus amigos e não me importava com o tempo – com chuva, sol ou frio, eu estava lá.

À medida que eu fui crescendo, o futebol foi ganhando mais espaço.

Fui entendendo o que realmente era esse esporte e comecei a praticar com mais seriedade, porque no início eu jogava apenas para me divertir, mas, com dez anos, eu realmente acreditava que isso poderia ser a minha profissão.

OBVIAMENTE MUITAS PESSOAS FALAVAM QUE NINGUÉM SABE O QUE REALMENTE QUER QUANDO É MUITO NOVO, MAS EU SABIA.

Foi também quando eu tinha essa idade que meu pai e alguns amigos começaram a comentar que eu levava jeito, que era habilidoso e muito rápido.

Esses elogios de alguma maneira faziam com que eu me tornasse cada vez mais confiante e com vontade de buscar meu objetivo.

Aos onze anos, lembro que comecei a pesquisar como era ser um atleta profissional.

Lia a respeito e conversava com pessoas que entendiam do assunto.

Enquanto tentava ser cada vez melhor, os elogios começavam a ser mais frequentes, o que me dava a sensação de estar no caminho certo.

> **NESSE MOMENTO, MEU SONHO COMEÇAVA A SE TRANSFORMAR EM UMA META, QUE ERA SER UM GRANDE JOGADOR DE FUTEBOL.**

Eu ainda não tinha noção de para onde tudo isso poderia me levar. Só pensava em jogar e me divertir, não tinha pretensão de ser um astro, de ir para uma Copa do Mundo.

Gostava de ver as pessoas aplaudindo, gritando o meu nome.

Meu pai foi o meu maior incentivador. Quando eu tinha onze anos, ele me deu uma bola de futebol melhor, e eu já podia jogar em um campinho, que era também um pouco melhor que a rua.

A partir daí, ele me ensinou cada vez mais tudo o que envolvia esse mundo da bola.

Nessa mesma época, ele me levou ao estádio pela primeira vez. Claro que o jogo era do Palmeiras – ele era muito palmeirense e, quando digo muito, podem acreditar.

Ainda hoje me lembro da cena, das pessoas alegres, de verde e branco pela rua.

Aquilo para mim era encantador, um esporte despertando tantas emoções em tantas pessoas.

Meu pai era um desses torcedores que cantavam o hino e se emocionavam.

Não me lembro do adversário, mas sei que era uma partida do Campeonato Paulista.

A alegria daquelas pessoas, gritando os nomes dos seus ídolos, me fez ter ainda mais certeza do que eu queria.

Ficava me imaginando dentro do campo e principalmente a felicidade do meu pai, se um dia ele pudesse gritar o meu nome das arquibancadas dos estádios.

COMECEI A ENTENDER COMO O FUTEBOL PODERIA TRANSFORMAR A MINHA VIDA.

Posso dizer que a minha primeira motivação foi, sim, querer dar essa alegria ao meu pai. Eu o imaginava gritando "Vai, filho, corre", porque, se para os outros ele já gritava com tanto entusiasmo, imagine para mim...

Tinha que me movimentar. Sabia que, quanto mais jovem, mais chances eu teria.

Eu precisava dar o primeiro passo, e meu pai, sempre ele, fez isso por mim, quando me matriculou em uma escola de futebol.

Ele escolheu a escolinha do Pedro Rocha, que foi um grande jogador do São Paulo, e do Portella, um preparador físico reconhecido no meio pelo seu bom trabalho.

EU NÃO PODERIA TER IDO PARA UM LUGAR MELHOR.

"Falar do Marcos é voltar mais de quarenta anos no tempo.

Eu, proprietário da primeira escola de futebol no Brasil, e ele, um garoto tímido, magrinho, levado até lá por seu pai para uma avaliação.

No primeiro treino, bati o olho naquele menininho e fiquei encantado com tamanha habilidade, já se destacando dos demais. Foi aprovado na hora, porém o seu Célio, pai de seis filhos, não podia destinar verba para a escolinha. Não pensei duas vezes, ofereci uma bolsa integral, e todos os dias o menino saía lá do Jardim Irene para treinar com os olhinhos brilhando.

Toda atenção nos ensinamentos deu no que deu, e ele se transformou em um dos maiores jogadores do mundo.

Sobre a pessoa de Cafu é redundância falar: uma pessoa com quem temos o prazer de conviver e admirar, um exemplo de retidão de caráter, bondade, enfim, uma pessoa única."

— PORTELLA (PRIMEIRO PREPARADOR FÍSICO)

O PRIMEIRO PREPARADOR
Portella conta como foi assistir aos primeiros passos de Cafu na luta pelo seu grande sonho. Habilidade e talento que marcaram o preparador.

☆ ☆ ☆ ☆ ☆

O local se chamava Escolinha de Futebol Craque. Nessa época eu tinha catorze anos, e minha meta começava a ganhar forma.

Fiquei lá por quase quatro anos. Na escolinha, ganhei mais conhecimentos, aprendi muito e, mais do que isso, vivi a realidade que era ser um atleta.

MUITAS PESSOAS QUE VEEM A VIDA GLAMOROSA DE ALGUNS JOGADORES NEM IMAGINAM O CAMINHO QUE PERCORREMOS.

Eu comecei a treinar de verdade. Ali eu trabalhava a parte física, a técnica e a emocional, que são muito importantes na vida de um profissional.

O preparador físico Portella conseguia enxergar onde eu me destacava e me colocava para fazer sempre alguma atividade extra, para melhorar cada vez mais meu condicionamento.

Foi por meio dessa escolinha e dessas pessoas que eu comecei as peneiras em vários clubes, ou melhor, comecei a minha jornada.

Dois dos meus irmãos também tentavam se profissionalizar. Mauro jogou em vários clubes, mas não deu continuidade.

Maurício decidiu parar e trabalhar em outra área, o que foi uma pena. Ele jogava muito bem, e sua habilidade nos servia de incentivo. Alguém precisava ajudar nas despesas de casa, e ele se prontificou.

Um dia, ao voltar para casa, notei meu pai animado. Mal me viu, veio contar a novidade e me disse que o Pedro Rocha estava arrumando para eu participar de uma peneira no São Paulo.

Seria o meu primeiro grande desafio, a minha primeira oportunidade. Eu me sentia preparado.

Todos os que estão em uma escolinha de futebol aguardam ansiosamente esse momento.

Chegamos ao local e me lembro de que havia muitas crianças, e, quando falo muitas, é porque eram mesmo muitas crianças, e todas pareciam ansiosas como eu.

Eram dez times, mas eu fui com a expectativa de que daria certo. Acreditava até o fim.

O Pedro Rocha me tranquilizou. Disse que eu só precisaria fazer o que estava acostumado nos treinos da escolinha.

Era um pouco complexo pensar assim.

☆ ☆ ☆ ☆ ☆

Na escolinha, treinávamos em um campo de areia, com um tamanho reduzido, bem reduzido. O local onde faríamos os testes era gramado, um campo gigante.

As peneiras, naquela época, eram diferentes das de hoje: eram muitos times, e ninguém observava você jogar. O que era igual, e acredito que nunca vai mudar, é a tensão.

POSSO DIZER QUE A MINHA PRIMEIRA PENEIRA FOI A MINHA PRIMEIRA DECEPÇÃO.

Não deu certo. Eu voltei para a escolinha, expliquei que o técnico mal me olhou jogar.

Contei que havia muitos meninos, enfim, até hoje fico imaginando qual foi o critério que ele usou naquela avaliação.

Esse foi o meu primeiro "não", meu primeiro choque de realidade. Naquele dia descobri que não poderia contar somente com talento, precisava ter sorte, muita sorte, porque existiam muitos fatores que contavam.

Fui para casa. Meu pai estava curioso, mas tentava esconder. Penso que era para não me deixar triste, caso as coisas não tivessem saído como o esperado. Perguntou como tinha sido, eu disse que não tinha dado certo, levando em conta que eu mal vi a bola e que o treinador nem me observou jogar.

Aquele dia foi marcante para mim. Pela primeira vez, eu ouvi a frase que me acompanharia a vida toda:

"Isso é só uma barreira que Deus colocou no seu caminho e só você pode superar."

A força dessas palavras do meu pai me fez refletir. Era verdade, só eu poderia superar, pois o que temos de passar ninguém passa por nós.

No dia seguinte, mesmo abatido, fui treinar.

Pedro Rocha conversou bastante comigo, disse para continuar treinando com o mesmo empenho, que eu iria encontrar outras oportunidades.

Todas as noites, antes de dormir, eu fazia questão de esquecer as negativas que recebia. Se não fizesse isso, ficaria difícil acordar tão cedo para treinar. Seria difícil seguir motivado.

Temos sempre que manter a atenção com a nossa forma de pensar.

E ASSIM, FUI COLECIONANDO OS NÃOS, SEM ME ABATER. É CLARO QUE NÃO ERA AGRADÁVEL, MAS NÃO HAVIA ALTERNATIVA. EU SABIA QUE, EM ALGUM MOMENTO, ACONTECERIA O PONTO DE VIRADA.

Não demorou muito para que outra chance surgisse, agora na Portuguesa de Desportos. Dessa vez chegou até a ser engraçado.

Mandaram que eu estivesse lá na segunda-feira, às oito e meia da manhã.

☆ ☆ ☆ ☆ ☆

Cheguei pontualmente, olharam para mim e pediram para eu voltar na terça-feira. Fui novamente, pediram para eu voltar na quarta-feira. Voltei, pediram para voltar na quinta. Voltei e adivinha... pediram para eu ir na sexta-feira. Voltei.

Nesse dia falaram que já era final de semana. Disseram para eu voltar na segunda-feira.

Como fiz durante toda semana, na segunda-feira estava de volta pontualmente. Respeito até hoje os horários dos meus compromissos. Quando finalmente pensei que fosse treinar, o técnico falou que o time já estava completo e não iria precisar de mais ninguém.

Tive vontade de me sentar e chorar. Era tudo muito difícil, e perder uma semana, por nada, naquele momento, não me caiu bem.

Outra vez, voltei para a escolinha, contei o ocorrido, disse que tinha ido a semana inteira e nem quiseram me ver jogar.

Mais uma vez fui confortado.

Voltei para a casa, contei para o meu pai tudo que tinha acontecido durante a semana e mais uma vez ouvi a frase:

"São barreiras que Deus colocou em seu caminho e só você pode superar."

Ele disse que não poderia jogar por mim, mas que sempre estaria ao meu lado.

A calma com que ele falava, sem alterar a voz, sem ficar indignado, me fazia sentir que ele conhecia cada passo que eu teria de percorrer.

Voltei a treinar na escolinha e uma coisa boa é que eu conseguia me destacar em todas as competições.

Muitas vezes me colocavam em categorias superiores, por causa disso, e para ver se algum olheiro prestava atenção em mim.

Meus treinadores acreditavam muito no meu potencial, porque eles me viam treinar todos os dias e sabiam, ou melhor, acreditavam que eu poderia, sim, ter uma boa carreira.

O PENSAMENTO POSITIVO REALMENTE EXERCE UM PODER INCRÍVEL EM NOSSAS VIDAS.

Eu tinha tudo para desistir, mas usava todo o incentivo que recebia dos amigos, dos treinadores e da família, como um combustível. Acreditar no meu potencial, acreditar em mim, era a minha única chance.

Mais alguns dias passaram e surgiu um novo teste, outra vez no São Paulo.

Pedro Rocha conversou com alguém da diretoria e pediu para me treinarem por uma semana.

Dessa vez eu tinha esperança de ficar, mas no último treino o técnico falou que não aprovaria ninguém, pois o time já estava completo.

O que me incomodava é que eles não prestavam atenção em mim. Eu fazia uma boa jogada, olhava para ver se alguém tinha visto, e eles estavam de cabeça baixa, anotando algo. Isso é muito decepcionante, frustrante mesmo.

☆ ☆ ☆ ☆ ☆

Voltei novamente para a escolinha e mais uma vez fui muito bem acolhido. Conversaram comigo, sempre fazendo com que eu não desanimasse.

CONFESSO QUE ÀS VEZES ERA DIFÍCIL NÃO DESANIMAR, MAS EU ME MANTINHA DE PÉ.

Na volta para casa, mais uma vez, meu querido pai me esperava com seu jeito otimista, perguntou como tinha sido e eu detalhei cada momento daquela semana. No final, como sempre, ele usou a frase já conhecida ...

"Isso é só uma barreira que Deus colocou no seu caminho e só você pode superar."

Dessa vez ele foi um pouco além: disse para eu não desanimar, que sabia que eu ainda encontraria o caminho no momento certo.

Depois desse dia, voltei a fazer teste na Portuguesa. Não deu certo.

Nesse meio-tempo, meu pai trabalhava no Parque do Ibirapuera e conheceu um diretor do Palmeiras. Por esse contato, ele conseguiu agendar uma peneira no clube.

Fui, treinei bem, corri bastante, mas o treinador disse que o time estava completo e, mais uma vez, não deu.

Pedro Rocha e Portella não desistiam de mim, nunca. Um dia ligaram para o Corinthians e pediram uma chance, para eu participar de uma peneira.

Quando cheguei lá, por toda experiência acumulada nesses tipos de peneira, percebi que não daria certo.

Não era pessimismo, mas havia mais de trezentas crianças. Nem me olharam, fui reprovado.

No quinto teste, eu voltei para casa e contei que nada tinha sido como eu esperava, e, antes de meu pai falar qualquer coisa, eu me antecipei.

Disse que sabia o que ele falaria, que eram apenas "barreiras que Deus colocou no meu caminho e só eu poderia superar."

Ele respondeu que era isso mesmo, que os nossos desafios são de extrema importância para nossa evolução e crescimento.

Minha relação com meu pai sempre foi muito forte. Não era somente o futebol que nos unia – éramos cúmplices em tudo.

Muitas vezes ele me levava para o seu trabalho. Era um serviço puxado. Ele passava o dia lavando banheiros públicos, trabalhando como mecânico, ou até mesmo arrumando os jardins da cidade.

ERA UMA VIDA DE MUITA LUTA, E ELE FAZIA QUESTÃO DE NOS ENSINAR A VALORIZAR TODAS AS NOSSAS CONQUISTAS, MESMO AS MENORES.

Acredito que a base da família é a felicidade, e disso não podíamos reclamar: éramos muito felizes.

Meus irmãos e eu não podíamos ser chamados de "santos".

☆ ☆ ☆ ☆ ☆

Todos os dias aprontávamos muito, mas nada anormal para uma casa com seis filhos.

Naquela época, parecia ser mais fácil a criação. Havia mais respeito e menos exigências. Não havia questionamentos: o que os pais falavam era lei.

Não conhecíamos outro tipo de vida, então éramos felizes por estar ajudando.

Meu pai adorava música. Enquanto ele trabalhava, era comum encontrá-lo cantarolando as canções de Tonico e Tinoco, sua dupla sertaneja preferida.

Essa força dele é o que me mantinha forte, mesmo depois de tantas reprovações.

EU NUNCA DESANIMEI. NÃO SEI COMO EXPLICAR A MINHA PERSEVERANÇA, OU INSISTÊNCIA, COMO PREFERIREM, MAS NADA DO QUE ACONTECIA TIRAVA DE MIM O FOCO DE CHEGAR AONDE EU TANTO DESEJAVA.

Meu pai sempre teve a certeza de que eu alcançaria meu objetivo, e essa crença no meu talento, essa crença em mim, fazia com que eu me sentisse um grande jogador, e tenho certeza de que isso fez toda a diferença.

Muitas pessoas depositavam expectativas em mim. Isso me dava força, fazia com que eu não desistisse, apesar de tanta frustração.

Os meus amigos do Jardim Irene também foram fundamentais com os seus incentivos.

O AMIGO NENÊ
Flávio conta como Cafu desde a infância se destacava em toda atividade e jogo que havia entre amigos no Jardim Irene e o quão importante foi sua persistência.

☆ ☆ ☆ ☆ ☆

Marcos para nós, Cafu para a grande maioria de vocês.

Desde pequeno, ele sempre se destacava em tudo. Se fosse jogar queimada, jogava bem, se fosse fazer corrida, às vezes corríamos na educação física, ele também era superdotado. Tinha uma capacidade física grande. Eu lembro que ele fazia uns saltos na escola, na hora do intervalo, que impressionavam. Nós, que éramos simples mortais, colocávamos uma cadeira para saltarmos sobre ela. Ele colocava uma, duas, três, colocava mais uma pessoa, dava um mortal e pulava. Ele já era diferenciado. No futebol nós jogamos muito tempo juntos, no Guarani, no Juventude. Ele jogou em outros times também. Eu acabei desistindo de ser jogador profissional. Nós enfrentamos muitos obstáculos, assim como ele também enfrentou e não desanimou, e é por isso que eu tiro o chapéu para ele. Não é fácil.

Marcos foi realmente muito perseverante, insistente, e graças a Deus que ele foi assim. Depois que ele recebeu o primeiro sim, não parou mais, e o mundo pôde conhecer aquele que nós, do Jardim Irene, conhecíamos desde a sua primeira infância."

– FLÁVIO FÉLIX DA SILVA (AMIGO DE INFÂNCIA)

FOTOGRAFIA: DOUGLAS VIANA

A SAGA CAFU

"O Cafu, quando ainda era somente o Marcos, se destacava entre os garotos da sua idade, pela habilidade, velocidade e uma vontade muito grande de vencer. No final da década de noventa, tínhamos um time de várzea no Jardim Irene, com bons jogadores, mas o Cafu, que já treinava, se destacava muito entre nós. Nas inúmeras partidas quando estávamos perdendo, ele chegava depois porque tinha outros compromissos, entrava no segundo tempo e mudava a cara do jogo.

Ele é motivo de orgulho para nós que acompanhamos sua caminhada, que vimos de perto sua luta e todos os nãos que recebeu. O Cafu é reconhecido por títulos, grandes atuações e por sua disciplina, pois nunca se envolveu em quaisquer polêmicas. Tenho toda a certeza do mundo de que todas essas qualidades ficam pequenas, quando comparadas com a sua perseverança. Ele fez por merecer."

— JOEL RODRIGUES (AMIGO DE INFÂNCIA)

FOTOGRAFIA: BRUNO GARAVELO

O AMIGO MUELA
Joel Rodrigues conta sobre como Cafu já se destacava desde a infância e como lidou com as recusas dos primeiros passos como jogador.

O AMIGO DE INFÂNCIA
Alonso Júnior relembra neste vídeo os momentos em que Cafu não era escolhido para os jogos no bairro e como usava isso a seu favor.

☆ ☆ ☆ ☆ ☆

"Muito bom relembrar um passado tão feliz com o Marcos.

Na adolescência, todos os meninos, que eram bons de bola tinham seu próprio campo, um campinho próximo à sua casa. Vários dos nossos amigos tinham. O Cafu era muito pequenininho e não tinha um local específico dele. Então, ele pegava todos os outros meninos que sobravam, montava um time e ia para cima, encarava os times dos grandes.

Ele nunca desistia, jogava como se fosse o último dia, com aquela mesma vontade que ele sempre teve e tem até hoje.

Essa garra é muito característica dele. Nunca teve vergonha de jogar nem medo de ninguém. Sempre foi um jogador de muita personalidade."

— ALONSO JÚNIOR (AMIGO DE INFÂNCIA)

FOTOGRAFIA: BRUNO GARAVELO

☆ ☆ ☆ ☆ ☆

Outra oportunidade surgiu, um teste no Nacional Futebol Clube.

Lá o treinador gostou de mim. Fiquei por uns seis meses.

Eu jogava, fui inscrito, treinava, fazia jogos amistosos. Depois desse tempo me mandaram embora. Coincidência ou não, o mesmo técnico que não me deixou treinar na Portuguesa, Pichu.

Mais uma vez voltei para casa de cabeça baixa. Contei para o meu pai, e ele foi fundamental ao falar sobre as barreiras que só eu poderia superar.

Disse para ele ficar tranquilo, que estava aprendendo a ficar mais forte com cada não que recebia. Com dezessete anos, tinha certeza de que ainda ia conseguir me encontrar.

Mais um teste, agora no Atlético Mineiro. Meu tio tinha um conhecido por lá e pediu um apoio.

Hoje dou risada da situação, mas na época fiquei triste. Eu fui bem, me destaquei, gostaram de mim aparentemente, mas no final do treino o técnico perguntou quem tinha sido indicado por uma determinada pessoa.

Alguns meninos levantaram o braço, e ele os separou do grupo, voltou-se para nós, agradeceu a presença e nos dispensou.

Comecei a pensar o que poderia fazer, porque, mesmo me destacando, fui mais uma vez reprovado.

NOVAMENTE CHEGO EM CASA, RELATO PARA O MEU PAI O OCORRIDO E MAIS UMA VEZ SUAS PALAVRAS DE FÉ E CONFORTO ME COLOCAM DE PÉ.

Depois que saí do Nacional, voltei a jogar na Várzea. Lá sempre havia olheiros, pessoas ligadas ao futebol profissional.

Um amigo me levou para conhecer o time da TV Bandeirantes. Comecei a jogar com eles.

No primeiro jogo eu estava no segundo quadro, marquei dois gols, me destaquei, e o técnico, senhor Mané Catarino me chamou para o primeiro quadro. Eu era o mais novo, mas conseguia me destacar,, e isso foi fazendo com que eu chamasse atenção.

Desse momento em diante, a visibilidade começou a ficar maior.

Enquanto eu atuava no time do Guarani, do Juventude, do Vasquinho do Jardim Irene, eu percebia que, nesses torneios,

☆ ☆ ☆ ☆

sempre havia olheiros. Um deles se chamava João Alemão. Era treinador do time de Itaquaquecetuba e um dia me convidou para fazer parte da sua equipe. Eu aceitei.

"Falar do Cafu é muito fácil: um menino honesto, de caráter indiscutível.

Eu era técnico do time da TV Bandeirantes.

No período em que trabalhei lá, um dos meninos da equipe perguntou se poderia levar um amigo para jogar. Eu disse que sim, então ele levou o Cafu e me apresentou.

Lembro que perguntei em qual posição ele jogava. Ele foi muito taxativo e respondeu que jogaria onde eu quisesse.

Era muito habilidoso, já chegou fazendo gol, é um predestinado. Ele se prontificava para jogar em qualquer posição. Cafu realmente nasceu com estrela."

— MANÉ CATARINO (EX-TÉCNICO DO TIME DA TV BANDEIRANTES)

EX-TÉCNICO DO TIME DA TV BANDEIRANTES
Mané Catarino traz memórias da primeira vez que viu Cafu jogar e o que mais chamava atenção no jogador que posteriormente faria história no futebol brasileiro.

EX-TÉCNICO DO ITAQUAQUECETUBA
João, que na época era técnico do Itaquaquecetuba, conta a história do nome Cafu, dado por ele para um menino sonhador, guerreiro e muito perseverante.

☆ ☆ ☆ ☆ ☆

"Respeitado no mundo inteiro, esse é o Cafu.

Uma carreira de absoluto sucesso, que me orgulho de ter acompanhado desde o início, quando o convidei para jogar no time do Itaquaquecetuba.

Conseguia espaço com muita técnica, velocidade, humildade e uma vontade incrível de crescer.

Sempre disposto a ajudar, mantinha um relacionamento ótimo com todos do time e uma perseverança acima da média."

– JOÃO ALEMÃO

(EX-TÉCNICO DO TIME DO ITAQUAQUECETUBA)

FOTOGRAFIA: BRUNO GARAVELO

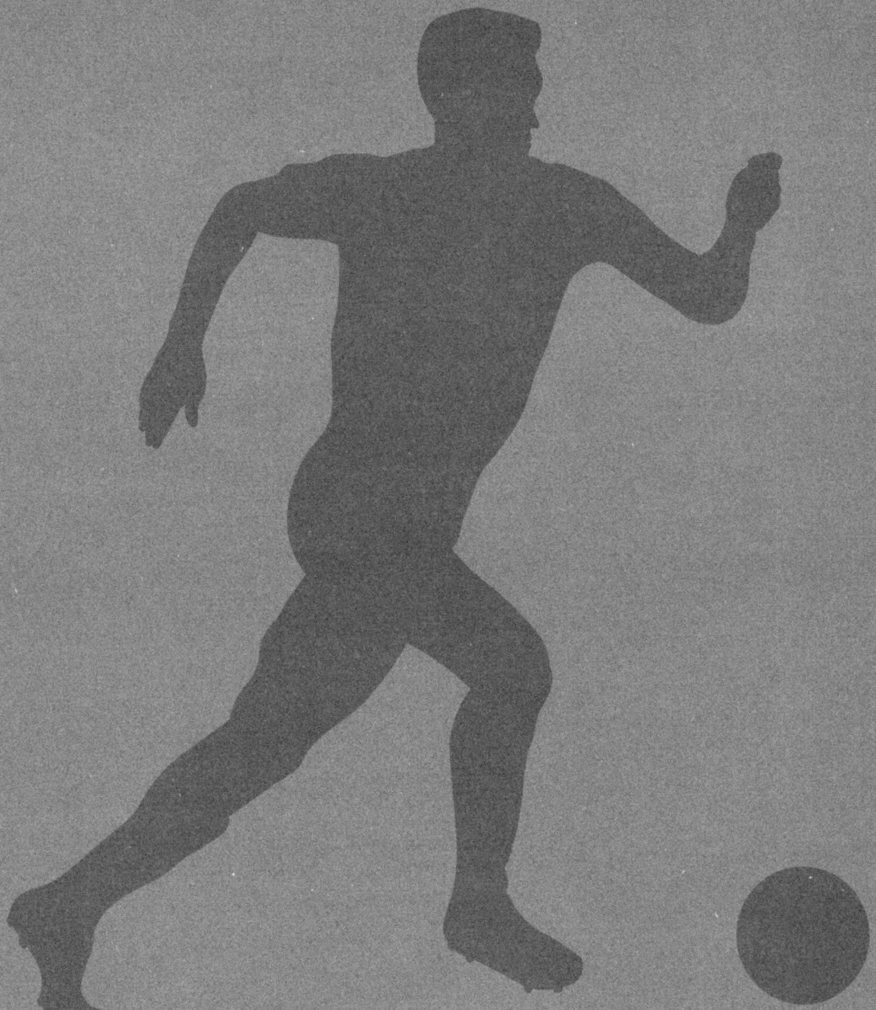

☆ ☆ ☆ ☆ ☆

Nessa época eu também estava treinando paralelamente, com um time de futebol Society, o Mini Sports, e fui campeão com eles.

☆ ☆ ☆ ☆ ☆

Quando cheguei ao time do Itaquaquecetuba, todos os atletas tinham um apelido, menos eu, que sempre fui Marquinhos.

João Alemão disse que eu parecia muito um jogador que se chamava Cafuringa.

Eu não o conhecia, mas no segundo dia o apelido foi incorporado.

Claro que fui pesquisar quem era essa pessoa e me admirei com o seu talento. Fiquei lisonjeado e falei que todos eram loucos ao me comparar com um jogador tão excepcional, que atuou no Fluminense e era muito bom mesmo.

COM O TEMPO, ACHARAM O APELIDO MUITO GRANDE, ABREVIARAM, E ENTÃO ME TORNEI O CAFU.

Um dia, após completar dois anos no time do Itaquaquecetuba, surgiu a oportunidade de fazer um jogo contra o time de juniores do São Paulo, com o mesmo treinador que nem olhou para mim e me mandou embora mais de duas vezes.

Era uma partida amistosa. Representava muito.

NÃO FALEI NADA EM CASA, MAS DENTRO DE MIM ESTAVA NASCENDO UMA ESPERANÇA.

Eu era muito grato ao time do Itaquaquecetuba, mas era uma luta diária, porque ficava longe demais da minha casa.

Para chegar ao treino às nove horas da manhã, saía do Jardim Irene de madrugada. Às cinco e quinze, já estava no ônibus, com destino ao Anhangabaú.

Esse percurso durava uma hora e meia, depois ainda percorria mais uma hora e vinte minutos de trem.

Contava com ajuda de custo só para o transporte – eles não tinham como pagar um salário. Na volta era a mesma viagem e ainda tinha de ir para a escola.

Muitas vezes eu dormia na aula, de tão cansado que chegava, e o professor me mandava para a diretoria.

Um dia resolvi contar para a diretora, dona Augusta – uma mulher muito forte, que tomava conta com muita responsabilidade da escola –, por que eu dormia na aula.

Expliquei toda a situação. Ela fez questão de comunicar ao professor sobre o meu esforço, aí as coisas mudaram, porque todos viam que eu estava batalhando para realizar meu sonho e começaram a me ajudar nas aulas.

Enfim, esse amistoso era a oportunidade que eu esperava, pois representava muito para a minha vida.

A noite foi longa. Quase não dormi, mentalizando a minha atuação. Eu precisava mostrar o meu potencial.

Estava ansioso, mas muito confiante.

Chegamos ao local e senti que seria a minha grande chance, pois iria jogar contra. Se me destacasse, não passaria despercebido.

O jogo terminou e tive uma sensação boa que continuava.

Eu fui bem, fiz duas jogadas, que resultaram em dois gols, ganhamos e, antes de irmos embora, o treinador do São Paulo, senhor Carlinhos, aquele mesmo que me dispensou, chamou o nosso técnico e disse que queria que três atletas da nossa equipe ficassem por um mês, para que fossem avaliados com mais calma.

O primeiro nome que ele falou foi o meu. Eu tremia muito, tentava disfarçar, mas suava frio. O dia que eu tanto esperei teria finalmente chegado?

Confesso que estava difícil assimilar.

A SENSAÇÃO DE CONSEGUIR ALGO QUE SE DESEJA MUITO É INDESCRITÍVEL. ISSO PROVAVA QUE EU NÃO ERA UM SONHADOR.

> TODA BUSCA É DIFÍCIL E O ÚNICO SEGREDO
> É A DETERMINAÇÃO, SABER ATÉ ONDE VOCÊ ESTÁ
> DISPOSTO A SE ESFORÇAR PARA CONQUISTAR ALGO.

Ao longo do meu percurso, vi muitos meninos talentosos desistirem, inclusive o meu irmão. As circunstâncias da vida, principalmente para nós, que nascemos em famílias pobres, nem sempre nos deixam escolhas.

> ESTAVA SUBINDO O PRIMEIRO DEGRAU
> DE UMA ESCADA, QUE PODERIA ME LEVAR
> PARA ONDE EU SEMPRE QUIS.

No dia seguinte, já estava treinando cedinho, com toda a disposição do mundo.

> ENTRAR NO MORUMBI ERA REALMENTE
> UM MOMENTO GRANDIOSO, DEPOIS DE
> TANTAS NEGATIVAS QUE RECEBI.

★ ★ ★ ★ ★

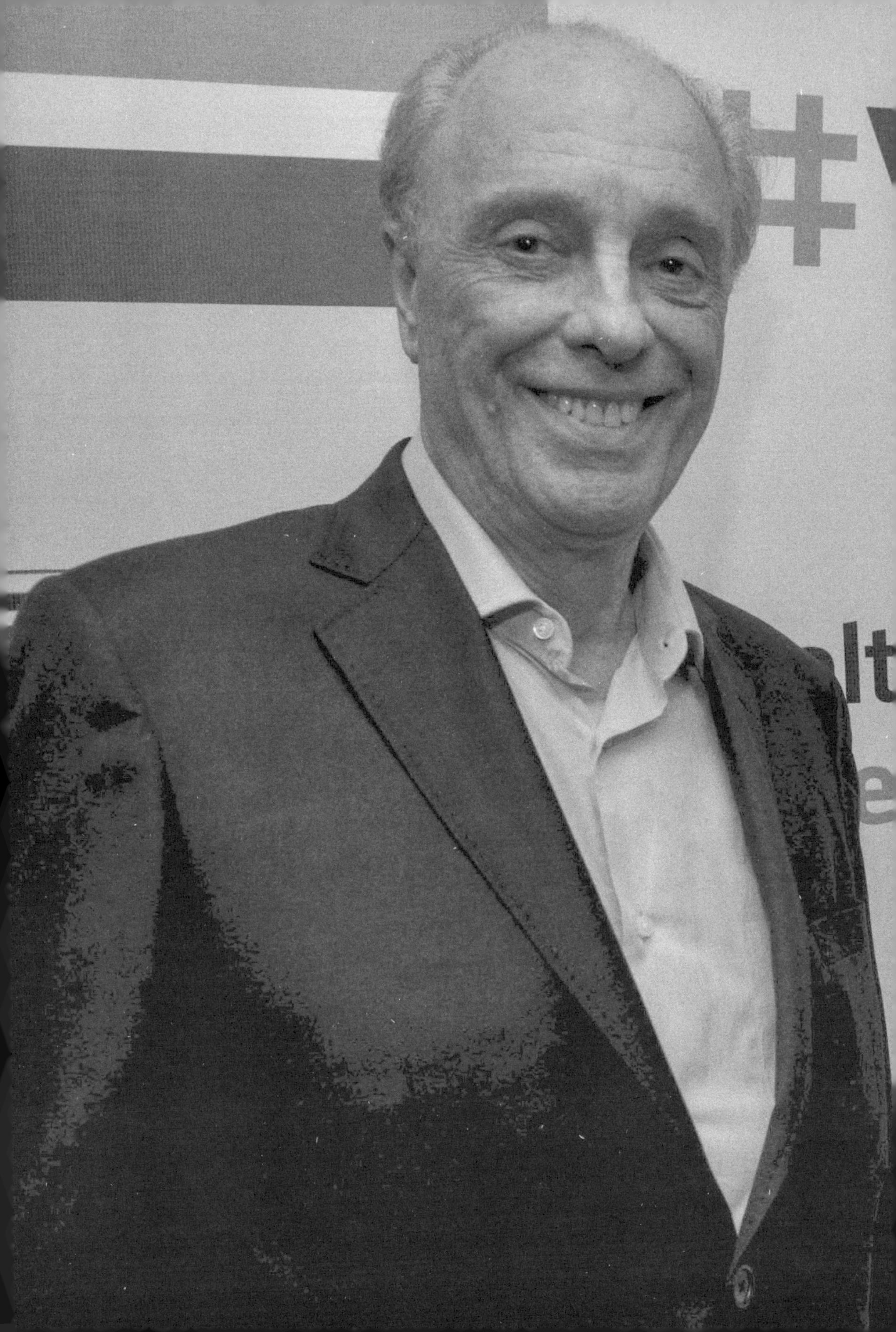

★★★★☆

"Cafu é um filho adotivo, por quem nutro muito afeto e carinho. Jogador excepcional, de cuja carreira tive orgulho de participar."

– JOSÉ EDUARDO MESQUITA PIMENTA
(EX-PRESIDENTE DO SÃO PAULO FUTEBOL CLUBE)

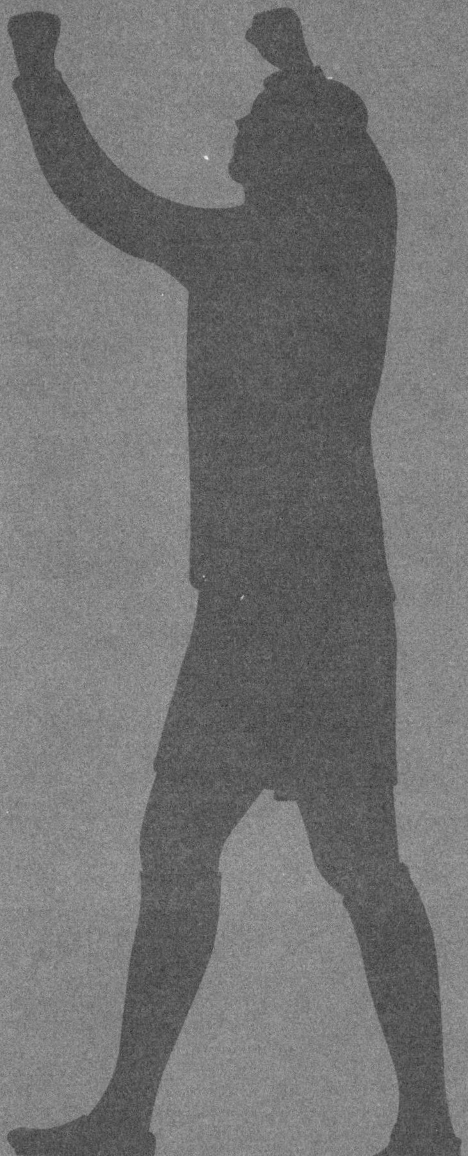

☆ ☆ ☆ ☆ ☆

*Os treinos eram bem puxados,
mas todos os que exigiam empenho
da parte física eram tranquilos para
mim, devido ao meu condicionamento.*

☆ ☆ ☆ ☆ ☆

Treinávamos no período da manhã e à tarde. Inúmeras vezes eu treinava com fome, porque não tinha como voltar para casa nem tinha dinheiro para comprar um lanche.

A DIREÇÃO DO CLUBE NÃO NOS DEIXAVA COMER NO REFEITÓRIO, PERMITIDO APENAS PARA OS ATLETAS CONTRATADOS.

Eu me lembro de uma vez quando um amigo se comoveu com a minha situação e resolveu me ajudar.

Ele se chamava Aritana. Eu tinha jogado com ele no Campo Limpo e ele estava no aspirante do São Paulo.

Todos gostavam muito dele, jogador habilidoso.

Um dia, ele me viu sentado, esperando o horário do treino da tarde, no refeitório, com fome e sem poder comer. Me perguntou o que estava acontecendo ali e eu expliquei. Ele me prontamente disse que isso não fazia o menor sentido e que eu iria almoçar com ele.

Falei mais uma vez que não podia, e ele, bem firme, disse que eu iria almoçar.

Assim que peguei o prato e comecei a me servir, o gerente entrou, o mesmo que tinha falado que eu não poderia ficar naquele local. Um frio percorreu a minha espinha, mas meu amigo tomou a frente e disse que tinha me convidado, que eu precisava me alimentar, porque teria de treinar à tarde e tinha que estar bem.

O gerente não gostou, mas virou as costas e foi embora. Confesso que eu almocei muito angustiado, apesar da fome. Fiquei com medo de sofrer alguma perseguição e estragar o meu futuro no clube por causa de um prato de comida.

★ ★ ★ ★ ★

"Eu estou hoje aqui para falar do meu amigo Cafu.

Sua história é linda. Eu me lembro dele, quando jogava com o meu irmão, isso em 87, 88.

Depois de alguns anos, surgiu no São Paulo, onde eu já jogava no aspirante.

Ele é um guerreiro. Lutou muito para conquistar o seu espaço. O que eu mais admiro nele não são seus títulos, prêmios e recordes, mas, sim, a sua humildade, foi ele não ter perdido a sua essência. Isso me enche de orgulho.

Cafu não é só filho dos seus pais. Cafu é filho do Brasil, retrato de um povo que não desiste jamais."

—ARITANA (EX-JOGADOR)

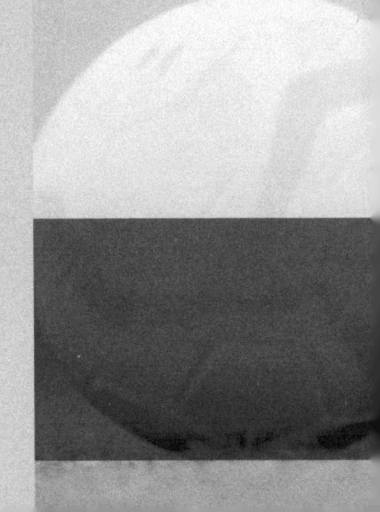

EX-JOGADOR
Aritana, já jogador no início da trajetória de Cafu, conta como suas virtudes destacavam ainda mais sua habilidade única e marcante no futebol.

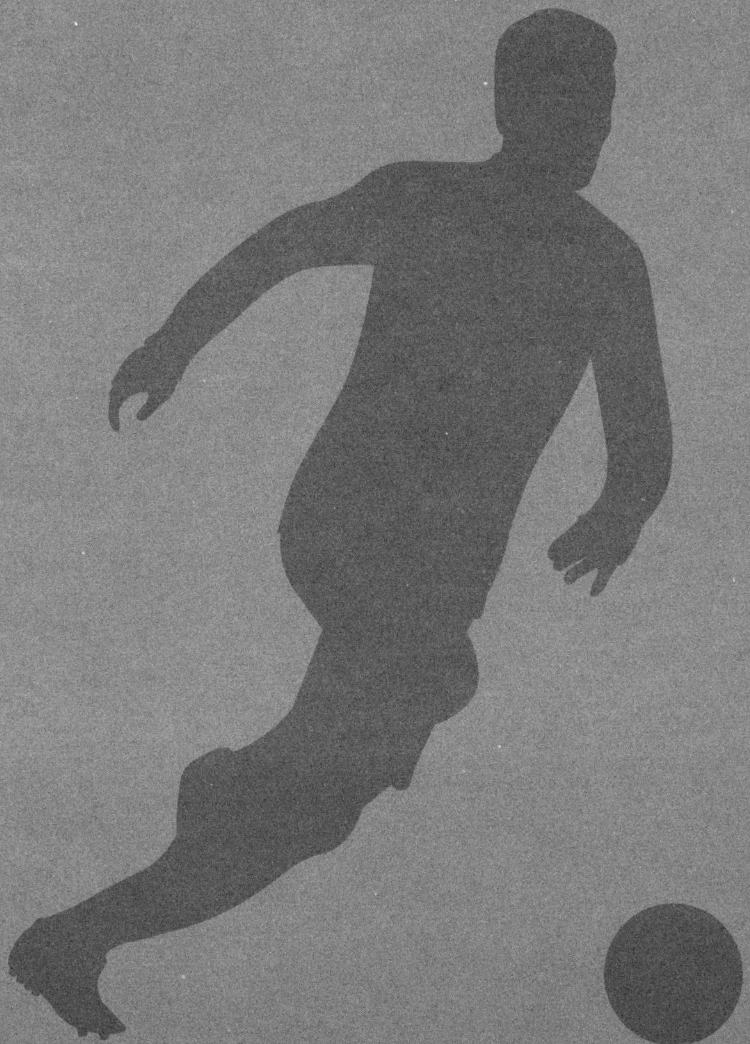

☆ ☆ ☆ ☆ ☆

Os dias foram passando e ninguém, em casa, fazia ideia de que eu estava treinando no São Paulo. Para eles eu continuava em Itaquaquecetuba.

☆ ☆ ☆ ☆ ☆

Não me sentia bem mentindo, mas, por outro lado, não queria gerar mais nenhuma expectativa – eu já havia me decepcionado muitas vezes.

Ser um jogador de futebol significava mudar a vida de uma família inteira, por isso eu não desistia – queria ver todos felizes.

Assim, vinte dias se passaram, e eu estava mais tranquilo e preparado; já havia jogado com os atletas do clube, e os comentários eram de que estavam gostando de mim.

Na verdade, eu me sentia mais confiante, porque, pela primeira vez, estava sendo observado de maneira que me passava segurança. Isso me deixava otimista.

Um dia, quando tínhamos terminado o treino, o gerente geral do São Paulo me chamou e, segurando um envelope nas mãos, disse que precisava daquele documento assinado.

Achei estranho e questionei sobre o que se tratava. Ele respondeu:

— Este é um contrato. Você, a partir de agora, será um jogador federado.

Nesse instante passou um filme na minha cabeça. Eu me lembrei de todo o caminho percorrido, todos os nãos, todas as humilhações, mas também de toda a fé que as pessoas próximas depositavam em mim.

Sabia que, daquele momento em diante, eu não voltaria para trás; sabia que havia conseguido a chance que eu tanto busquei.

Tinha dúvidas se chorava, se ria, se aquilo era uma brincadeira... Não sabia nada, estava extremamente tenso, mas especialmente feliz.

Peguei a minha mochila como sempre, e o caminho de volta pareceu mais longo.

Quando finalmente li o contrato, me dei conta de que meus pais precisariam assinar e, mesmo levando uma grande notícia, eu ainda temia levar uma bronca por ter escondido a verdade.

Eu estava em êxtase; vivia um misto de sentimentos.

Queria dar a notícia para todos, dizer que eu havia conseguido.

Queria que eles tivessem orgulho, porque muitas vezes ouvíamos que toda essa insistência era bobagem, que eu deveria arrumar um emprego convencional. Foi por isso que meu irmão Maurício desistiu do futebol. Ele, de alguma maneira, abandonou o seu sonho para eu poder viver o meu.

Cheguei em casa como sempre e disse ao meu pai para me avisar quando a minha mãe chegasse, pois gostaria de conversar com os dois juntos.

Tentava disfarçar, mas naquele momento a ansiedade corria em minhas veias, mais do que o meu próprio sangue.

Meu pai também tentava disfarçar, me olhava desconfiado, tentava arrancar alguma coisa, mas eu seguia firme à espera da minha mãe.

Enfim ela chegou.

Fico sempre pensando de onde ela tirava tanta disposição: trabalhava muito, chegava tarde em casa e ainda conseguia ser uma mãe maravilhosa e presente na vida de todos os filhos.

Meu relacionamento com ela era ótimo. Sempre que saía, determinava as nossas funções. Um tinha que lavar o chão, o outro tinha que encerar, o outro, lavar a louça, e assim por diante.

Sempre trazia para casa o que ganhava das patroas. Podia ser só um pedacinho de bolo, mas fazia questão de dividir com os filhos.

Se do meu pai herdei a persistência, da minha mãe herdei a afetividade. Muito carinhosa, ela saía com todos os filhos agarrados, alternava o colo, acolhia a todos, guerreira, forte, e sempre lutou por nós.

Ela ficou apreensiva quando eu disse que precisava falar com os dois juntos.

Eu me posicionei entre eles e comecei:

—Pai, mãe, vocês se lembram de todas as nove vezes que eu voltei abatido para casa?

"Eu queria agradecer por não desistirem de mim, por me darem tranquilidade, apesar das dificuldades e de todo o sacrifício.

"Aqui em casa, eu encontrava sempre tudo que me faltava lá fora.

"A cada decepção, era com vocês que eu reencontrava a minha esperança.

"Em nossas conversas, eu conseguia recarregar as minhas energias, extrair coragem de onde nem sabia que existia e fortalecer a minha fé.

"Pai, queria agradecer especialmente ao senhor, por nunca ter dúvida de onde eu chegaria, por me fazer entender que somente eu poderia superar as barreiras da minha vida.

"Este papel, que está aqui na minha mão, não é um simples papel, não é um simples contrato.

"Ele representa a expectativa que todos vocês depositaram em mim nesses anos.

"Ele representa a felicidade de proporcionar um dia a dia com mais tranquilidade.

"Neste papel há uma vida com menos luta, com mais segurança, menos angústia.

"Neste papel está o meu sonho de ser um jogador profissional.

"Eu superei todas as barreiras. Agora sou um atleta do São Paulo Futebol Clube...

"OBRIGADO, PAI."

SOBRE A AUTORA

Mariah Morais, jornalista e escritora, quebrou tabu ao ser a primeira mulher a comentar partidas de futebol na televisão brasileira.

Cobriu duas Copas do Mundo e 11 Libertadores da América. Trabalhou com importantes emissoras, no Brasil e no exterior. Seu primeiro livro, *O menino e o anjo,* vendeu mais de duzentas mil cópias, e o segundo livro, "*A fada Ruth* e o *castelo de diamantes,* vendeu mais de oitenta mil cópias.

Com a Saga Cafu, faz sua estreia como biógrafa e afirma ter sido seu maior desafio como escritora.

CONHEÇA OUTROS TÍTULOS DE MARIAH MORAIS

O menino e o anjo
mais de 200 mil cópias vendidas

A fada Ruth e o
castelo de diamantes
mais de 80 mil cópias vendidas

PRÓXIMOS LANÇAMENTOS

Quebra das correntes

Alta maré